Como piensa el hombre

Como piensa el hombre

James Allen

Originalmente publicado en 1903 por James Allen.

Reimpresión en inglés por Sound Wisdom, 2019

Traducción al español, 2022

Este libro es un artefacto histórico. Sound Wisdom ha reimpreso esta obra para preservar y compartir la mejor sabiduría transmitida por grandes hombres y mujeres de la historia. No todas las ideas y creencias sostenidas por estos autores siguen siendo aceptables en nuestro tiempo presente, y Sound Wisdom no aprueba ni respalda todas las creencias compartidas en este libro. Animamos a los lectores a extraer la mejor sabiduría intemporal de estas páginas, a la vez que ejercen gracia ante los desperfectos de nuestros antepasados y perdón con respecto a los errores del pasado.

ISBN:

(Obra impresa) 978-1-64095-435-9

Ebook: 978-1-64095-436-6

3 2025

Contenido

Prólogo

Este pequeño volumen, el resultado de meditación y experiencia, no pretende ser un tratado exhaustivo sobre lo mucho que ya se ha escrito acerca del tema del poder del pensamiento. Es más bien sugerente que explicativo, y su objetivo es estimular a los hombres y las mujeres a descubrir y percibir la verdad de que ellos mismos son creadores de sí mismos según los pensamientos que eligen y estimulan. La mente es el tejedor maestro, tanto de la vestimenta interior del carácter como de la vestimenta exterior de las circunstancias, y aunque posiblemente hasta ahora hayan tejido en ignorancia y dolor, ahora pueden tejer con esclarecimiento y felicidad.

—James Allen

CAPÍTULO UNO

Pensamiento y carácter

Así como la planta brota y no podría existir sin la semilla, igualmente cada acto de un hombre surge de las semillas escondidas del pensamientos, y no podrían haber aparecido sin estas.

El aforismo, "Como piensa [el hombre] dentro de sí, así es" no solo abarca todo el ser del hombre, sino que es tan extenso que llega a todas las condiciones y circunstancias de su vida. Un hombre es literalmente lo que piensa, su carácter es la suma completa de todos sus pensamientos.

Así como la planta brota y no podría existir sin la semilla, igualmente cada acto de un hombre surge de las semillas escondidas del pensamiento, y no podrían haber aparecido sin estas. Esto se aplica igualmente a aquellos actos llamados "espontáneos" o "no premeditados", así como los actos que se ejecutan deliberadamente.

Un acto es la floración del pensamiento, y el gozo y el sufrimiento son sus frutos. Así es como un hombre obtiene el fruto dulce y amargo de su propia labor.

El pensamiento en la mente nos ha hecho. Lo que somos fue forjado y fabricado por el pensamiento. Si la mente de un hombre tiene malos pensamientos, el dolor viene sobre él como viene la rueda del buey detrás. Si uno permanece en la pureza del pensamiento, el gozo lo sigue como su propia sombra, sin duda.

El hombre es un crecimiento por ley, y no una creación por artificio, y la causa y el efecto son tan absolutos y sin desviaciones en el ámbito escondido del pensamiento como en el mundo de las cosas visibles y materiales. Un carácter noble y a semejanza de Dios no es meramente gracias al favor

Un carácter noble y a semejanza de Dios no es meramente gracias al favor o la casualidad, sino que es el resultado natural de un esfuerzo continuo de pensar correctamente, el efecto de una asociación muy atesorada con pensamientos como los de Dios.

o la casualidad, sino que es el resultado natural de un esfuerzo continuo de pensar correctamente, el efecto de una asociación muy atesorada con pensamientos semejantes a los de Dios. Un carácter innoble y bestial, por el mismo proceso, es el resultado de tener continuamente pensamientos rastreros.

El hombre se hace o se deshace por su propia cuenta. En el taller del pensamiento forja las armas con las que se destruye a sí mismo. También forja las herramientas con las que construye para sí mismo mansiones celestiales de gozo, fuerza y paz. Por medio de la elección correcta y la aplicación verdadera del pensamiento, el hombre asciende a la perfección divina. Por el abuso y la aplicación errónea del pensamiento, desciende por debajo del nivel de la bestia. Entre estos dos extremos se encuentran todos los grados del carácter, y el hombre es su creador y amo.

De todas las bellas verdades que pertenecen al alma y que han sido restauradas y sacadas a la luz en esta época, ninguna causa más gozo ni produce más fruto de promesa divina y confianza que esta: que el hombre es señor del pensamiento, el moldeador de carácter, y el hacedor y formador de condición, ambiente y destino.

Como un ser de poder, inteligencia y amor, y señor de sus propios pensamientos, el hombre tiene la llave a toda situación, y contiene dentro de sí mismo esa agencia transformadora y regeneradora por la cual puede hacer de sí mismo lo que es su voluntad ser.

El hombre puede encontrar cada verdad conectada con su ser si cava profundo en la mina de su alma.

El hombre es siempre el amo, incluso en su estado más débil y abandonado, pero en su debilidad y degradación es el amo insensato que mal gobierna su casa. Cuando comienza a reflexionar sobre su condición, y a buscar diligentemente la ley sobre la que está establecido su ser, entonces se convierte en el amo sabio, y dirige sus energías con inteligencia y moldea sus pensamientos hacia asuntos fructíferos. Tal es el amo consciente, y el hombre solo puede llegar a ser tal por medio de descubrir dentro de sí mismo las leyes del pensamiento, cuyo descubrimiento es totalmente una cuestión de aplicación, autoanálisis y experiencia.

Solo tras mucha búsqueda y excavación se obtienen el oro y los diamantes, y el hombre puede encontrar cada verdad conectada con su ser si cava profundo en la mina de su alma. Él es el formador de su carácter, el moldeador de su vida y el edificador de su destino. Que pruebe infaliblemente, si vigila, controla y altera sus pensamientos, trazando sus efectos sobre sí mismo, sobre los demás y sobre su vida y sus circunstancias, vinculando causa y efecto a través de la práctica y la investigación pacientes, y utilizando cada una de sus experiencias, aun hasta el suceso más trivial y cotidiano, como un medio para obtener ese conocimiento de sí mismo que es comprensión, sabiduría y poder. En este dirección, como en ninguna otra, está la ley del absoluto que dice: "El que busca halla; y al que llama se le abrirá". Porque solo por la paciencia, la práctica y la incesante importunidad puede un hombre entrar por la puerta del templo del conocimiento.

Capítulo Dos

El efecto del pensamiento en las circunstancias

El pensamiento y el carácter son uno

Se puede comparar la mente con un jardín, el cual se puede cultivar inteligentemente, o simplemente dejar que crezca de manera silvestre. Pero sea que se cultive o descuide, debe, y de hecho así sucederá, producir vegetación. Si no se plantan semillas útiles, entonces una abundancia de semillas de maleza inútil caerá y seguirá produciendo de su misma clase.

Así como un jardinero cultiva su parcela, manteniéndola libre de maleza y cultivando las flores y las frutas que él requiere, de la misma manera puede un hombre cultivar el jardín de su mente, eliminando todos los pensamientos equivocados, inútiles e impuros, y cultivando hacia la perfección las flores y los frutos de pensamientos correctos, útiles y puros. Al seguir este proceso, el hombre, tarde o temprano, descubre que él es el jardinero maestro de su alma, el director de su vida. También revela, dentro de sí, las leyes del pensamiento, y comprende, con una precisión cada vez mayor, cómo las fuerzas del pensamiento y los elementos de la mente operan en la formación de su carácter, sus circunstancias y destino.

El pensamiento y el carácter son uno, y como el carácter solo puede manifestarse y descubrirse a través del ambiente y las circunstancias, las condiciones externas de la vida de una persona siempre se encontrarán armoniosamente relacionadas con su estado interior. Esto no significa que las circunstancias de una persona en cualquier momento dado sean una indicación de todo su carácter, sino que esas circunstancias están tan íntimamente conectadas con algún elemento vital del pensamiento dentro de él que, por el momento, son indispensables para su desarrollo.

Todo hombre está donde está por la ley del ser. Los pensamientos que ha incorporado a su carácter lo han llevado allí, y en la composición de su vida no hay ningún elemento de la casualidad, sino que todo es el resultado de una ley que no puede errar. Esto es tan cierto para los que

El hombre, tarde o temprano, descubre que él es el jardinero maestro de su alma, el director de su vida.

se sienten fuera de armonía con su entorno como para los que están satisfechos con él.

Como ser progresivo y en evolución, el hombre está donde está para que pueda aprender, para que pueda crecer. Y al aprender la lección espiritual que una circunstancia dada contiene para él, esta entonces se va y da lugar a otras circunstancias.

El hombre se verá golpeado por las circunstancias mientras él crea que es criatura de las condiciones externas, pero cuando se da cuenta de que él es una fuerza creadora, y que puede mandar a la tierra y las semillas escondidas de su ser de las cuales crecen las circunstancias, entonces se convierte en el legítimo dueño de sí mismo.

Que las circunstancias surgen del pensamiento lo sabe todo hombre que haya practicado por algún tiempo el autocontrol y la autopurificación, porque habrá notado que la alteración de sus circunstancias ha estado en proporción exacta con su condición mental alterada. Tan cierto es esto, que cuando un hombre se aplica seriamente a remediar los defectos de su carácter y logra progreso rápido y marcado, pasa rápidamente por una sucesión de vicisitudes.

El alma atrae lo que alberga en secreto, lo que ama y también lo que teme. Alcanza la altura de sus aspiraciones más apreciadas. Cae al nivel de sus deseos no corregidos, y las circunstancias son el medio por el cual el alma recibe lo suyo.

Toda semilla de pensamiento que se siembra o se permite caer en la mente, y que eche raíces en ella, produce de lo suyo, floreciendo tarde o temprano en actos, y

El hombre es golpeado por las circunstancias mientras él crea que es criatura de las condiciones externas, pero cuando se da cuenta de que él es una fuerza creadora, entonces se convierte en el legítimo dueño de sí mismo.

dando su propio fruto de oportunidad y circunstancias. Los buenos pensamientos dan buenos frutos, los malos pensamientos frutos malos.

El mundo exterior de las circunstancias se ajusta al mundo interior del pensamiento, y tanto las condiciones externas agradables como las desagradables son factores que contribuyen al bien final del individuo. Como segador de su propia cosecha, el hombre aprende tanto del sufrimiento como de la dicha.

Al seguir los deseos, las aspiraciones y los pensamientos más íntimos, por las cuales se deja dominar, al perseguir las voluntades de las imaginaciones impuras o al caminar firmemente por el camino del esfuerzo fuerte y alto, el hombre llega finalmente a su fruición y realización en las condiciones externas de su vida. Las leyes de crecimiento y ajuste obtienen en todo lugar.

Un hombre no llega al albergue para limosneros o a la cárcel por la tiranía del destino o de las circunstancias, sino por el camino de los pensamientos rastreros y los bajos deseos. Tampoco un hombre de mente pura cae repentinamente en el crimen por la tensión de una mera fuerza externa. El pensamiento criminal se estuvo fomentando secretamente en el corazón durante mucho tiempo, y la hora de la oportunidad reveló su poder acumulado. Las circunstancias no hacen al hombre. Lo revelan a él. No pueden existir condiciones tales como el descenso al vicio y sus sufrimientos correspondientes sin inclinaciones viciosas, o el ascenso a la virtud y su pura felicidad sin el cultivo continuo de aspiraciones virtuosas. Y el hombre, por lo tanto, como señor y amo del pensamiento, es el creador de sí mismo, el formador y autor del ambiente. Incluso al nacer, el alma llega a quien le corresponde, y a través de cada paso de su peregrinaje terrenal atrae aquellas combinaciones de condiciones que se revelan, que son el reflejo de su propia pureza e impureza, su fuerza y su debilidad.

Los hombres no atraen lo que quieren, sino lo que son. Sus caprichos, fantasías y ambiciones se ven frustrados a cada paso, pero sus pensamientos y deseos más íntimos se alimentan de su propio alimento, ya sea sucio o limpio. La divinidad que da forma a nuestros fines está en nosotros mismos. Es nuestro propio ser. Solo uno mismo

Los hombres no atraen lo que quieren, sino lo que son.

encadena al hombre. El pensamiento y la acción son los creadores del destino. Encarcelan, si son bajos. Y también son los ángeles de la libertad. Liberan, si son nobles. El hombre no obtiene lo que desea y por lo que ora, sino lo que gana justamente. Sus deseos y oraciones solo se ven gratificados y respondidos cuando armonizan con sus pensamientos y acciones.

A la luz de esta verdad, ¿qué significa entonces luchar contra las circunstancias? Significa que un hombre se rebela continuamente contra un efecto exterior, mientras que a la vez está alimentando y preservando su causa en su corazón. Esa causa puede tomar la forma de un vicio consciente o de una debilidad inconsciente, pero sea lo que sea, retrasa obstinadamente los esfuerzos de su poseedor y, por lo tanto, pide a gritos un remedio.

Los hombres están ansiosos por mejorar sus circunstancias, pero no están dispuestos a mejorarse a sí mismos. Por lo tanto, permanecen atados. El hombre que no rehúye la autocrucifixión nunca puede dejar de lograr el objetivo en el que está empeñado su corazón. Esto es tan cierto para las cosas terrenales como para las celestiales. Incluso el hombre cuyo único objetivo es adquirir riquezas debe estar preparado para hacer grandes sacrificios personales antes de poder cumplir su objetivo, y cuánto más el que quiere realizar una vida fuerte y bien encaminada.

He aquí un hombre que es miserablemente pobre. Está extremadamente ansioso de que su entorno y las comodidades de su hogar mejoren, pero todo el tiempo elude su trabajo, y considera que tiene justificación tratar de engañar a su empleador con el argumento de la insuficiencia de su salario. Un hombre así no entiende los rudimentos más elementales de aquellos principios que

Los hombres están ansiosos por mejorar sus circunstancias, pero no están dispuestos a mejorarse a sí mismos.

son la base de la verdadera prosperidad, y no solo es totalmente inepto para salir de su miseria, sino que en realidad está atrayendo a sí mismo una miseria aun más profunda, al permanecer en pensamientos indolentes, engañosos y poco honorables y actuar de manera correspondiente.

He aquí un hombre rico que es víctima de una dolorosa y persistente enfermedad como resultado de la glotonería. Está dispuesto a dar grandes sumas de dinero para librarse de ella, pero no sacrificará sus deseos glotones. Quiere gratificar su gusto por las viandas ricas y antinaturales y tener también su salud. Tal hombre es totalmente incapaz de tener salud porque todavía no ha aprendido los primeros principios de una vida sana.

He aquí un empleador de mano de obra que adopta medidas deshonestas para evitar el pago del salario reglamentario y, con la aspiración de obtener mayores beneficios, reduce los salarios de sus obreros. Un hombre así no es apto en absoluto para la prosperidad, y cuando se encuentra en bancarrota, tanto en lo que respecta a la reputación como a la riqueza, culpa a las circunstancias, sin saber que él es el único autor de su condición.

He presentado estos tres casos meramente para ilustrar la verdad de que

El hombre es el causante, aunque casi siempre lo es inconscientemente, de sus circunstancias.

el hombre es el causante, aunque casi siempre lo es inconscientemente, de sus circunstancias, y que, aunque aspire a un buen fin, está continuamente frustrando su cumplimiento al fomentar pensamientos y deseos que no pueden armonizar con ese fin. Tales casos podrían multiplicarse y variarse casi indefinidamente, pero esto no es necesario, ya que el lector puede, si se lo propone, trazar la acción de las leyes del pensamiento en su propia mente y vida, y hasta que haga esto, los meros hechos externos no pueden servir de base para el razonamiento.

Las circunstancias, sin embargo, son tan complicadas, el pensamiento está tan profundamente arraigado, y las condiciones de felicidad varían tan enormemente en los individuos, que la condición completa del alma de un hombre, aunque pueda ser conocida por él mismo, no puede ser juzgada solo desde el aspecto su vida externa. Un hombre puede ser honesto en ciertas direcciones y, sin embargo, sufrir privaciones. Un hombre puede ser deshonesto en ciertas direcciones, y sin embargo adquirir riqueza. Pero la conclusión a la que generalmente se llega de que un hombre fracasa por su honestidad particular, y que el otro prospera por su deshonestidad particular, es el resultado de un juicio superficial, que supone que el hombre deshonesto es casi totalmente corrupto, y el hombre honesto casi totalmente virtuoso. A la luz de un conocimiento más profundo y de una experiencia más amplia, tal juicio se revela erróneo. El hombre deshonesto puede tener algunas virtudes admirables que el otro no posee, y el hombre honesto vicios odiosos que están ausentes en el otro.

El hombre honesto cosecha los buenos resultados de sus pensamientos y actos honestos. También es el causante de los sufrimientos que producen sus vicios. El hombre deshonesto también cosecha sus propios sufrimientos y felicidad.

Agrada a la vanidad humana creer que uno sufre a causa de su propia virtud. Pero hasta que un hombre haya extirpado de su mente todo pensamiento enfermizo, amargo e impuro, y haya lavado de su alma toda mancha pecaminosa, no estará en condiciones de saber y declarar que sus sufrimientos son el resultado de su bien y no de sus malas cualidades. Y en el camino hacia, aunque mucho antes de haberla alcanzado, esa perfección suprema, habrá encontrado, obrando en su mente y en su vida, la gran ley que es absolutamente justa, y que no puede, por tanto, dar bien por mal, ni mal por bien. Una vez que posea tal conocimiento, sabrá, al contemplar su ignorancia y ceguera pasadas, que su vida está y siempre estuvo justamente ordenada y que todas sus experiencias pasadas, buenas y malas, fueron el resultado equitativo de su ser en evolución, pero no evolucionado.

Los buenos pensamientos y acciones nunca pueden producir malos resultados. Los malos pensamientos y acciones nunca pueden producir buenos resultados. Esto no es más que decir que nada puede salir del maíz sino el maíz, nada de las ortigas sino las ortigas. Los hombres comprenden esta ley en el mundo natural y trabajan con ella. Pero pocos la entienden en el mundo mental y moral, aunque su operación allí es igual de simple y sin desviación, y por lo tanto, no cooperan con ella.

El sufrimiento es siempre el efecto del pensamiento incorrecto en alguna dirección. Es una indicación de que el individuo no está en armonía consigo mismo, con la ley de su ser. El único y supremo uso del sufrimiento es purificar, quemar todo lo que es inútil e impuro. El sufrimiento cesa para quien es puro. No tendría objeto quemar el oro después de haber eliminado la escoria, y un ser perfectamente puro e ilustre no podría sufrir.

Las circunstancias que un hombre encuentra con la bendición son el resultado

La bendición, no las posesiones materiales, es la medida del pensamiento correcto.

de su propia armonía mental. La bendición, no las posesiones materiales, es la medida del pensamiento correcto. La miseria, no la falta de posesiones materiales, es la medida del pensamiento erróneo. Un hombre puede ser desgraciado y rico. Puede ser bendecido y pobre. La bendición y las riquezas solo se unen cuando las riquezas se usan correcta y sabiamente, y el pobre solo desciende a la miseria cuando considera su situación como una carga que se le ha impuesto injustamente.

La indigencia y la indulgencia son los dos extremos de la miseria. Ambos son igualmente antinaturales y el resultado de un trastorno mental. Un hombre no está bien condicionado hasta que sea un ser feliz, sano y próspero; y la felicidad, la salud y la prosperidad son el resultado de un ajuste armonioso de lo interior con lo exterior, del hombre con su entorno.

Un hombre solo comienza a ser un hombre cuando deja de quejarse y vituperar, y empieza a buscar la justicia oculta que regula su vida. Y a medida que adapta su mente a ese factor regulador, deja de acusar a los demás como la causa de su condición y se fortalece en pensamientos fuertes y nobles; deja de patalear contra las circunstancias, sino que comienza a

Un hombre solo comienza a ser un hombre cuando deja de quejarse y vituperar y empieza a buscar la justicia oculta que regula su vida.

utilizarlas como ayudas para progreso más rápido, y como un medio para descubrir los poderes y posibilidades ocultas dentro de él mismo.

La ley, no la confusión, es el principio dominante en el universo. La justicia, no la injusticia, es el alma y la sustancia de la vida. Y la rectitud, no la corrupción, es la fuerza que moldea y mueve el gobierno espiritual del mundo. Siendo así, el hombre no tiene más que corregirse a sí mismo para encontrar que el universo es correcto. Y durante el proceso de corregirse a sí mismo, descubrirá que a medida que modifique sus pensamientos hacia las cosas y las demás personas, las cosas y las demás personas se modificarán hacia él.

La prueba de esta verdad está en cada

persona, y por lo tanto admite una fácil investigación por medio de introspección y autoanálisis sistemáticos. Permite a un hombre modificar radicalmente sus pensamientos, y se asombrará ante la rápida transformación que se producirá en las condiciones materiales de su vida.

Los hombres se imaginan que el pensamiento puede mantenerse secreto, pero no es así. Rápidamente se cristaliza en hábito, y el hábito se solidifica en las circunstancias. Los pensamientos bestiales se cristalizan en hábitos de embriaguez y sensualidad, los cuales se solidifican en circunstancias de indigencia y enfermedad. Los pensamientos impuros de todo tipo se cristalizan en hábitos enervantes y confusos, los cuales se solidifican en circunstancias distractoras y adversas. Los pensamientos de temor, duda e indecisión se cristalizan en hábitos débiles, poco viriles e irresolutos, los cuales se solidifican en circunstancias de fracaso, indigencia y dependencia servil. Los pensamientos perezosos se cristalizan en hábitos de impureza y deshonestidad, los cuales se solidifican en circunstancias de infamia y mendicidad. Los pensamientos odiosos y condenatorios se cristalizan en hábitos de acusación y violencia, los cuales se solidifican en circunstancias de perjuicio y persecución. Los pensamientos egoístas de todo tipo se cristalizan en hábitos

Los pensamientos bellos de todo tipo cristalizan en hábitos de gracia y amabilidad, los cuales se solidifican en circunstancias geniales y risueñas.

de egoísmo, los cuales se solidifican en circunstancias más o menos penosas.

Por otra parte, los pensamientos bellos de todo tipo se cristalizan en hábitos de gracia y amabilidad, los cuales se solidifican en circunstancias geniales y risueñas. Los pensamientos puros se cristalizan en hábitos de templanza y autocontrol, los cuales se solidifican en circunstancias de descanso y paz. Los pensamientos de valentía, autoconfianza y decisión se cristalizan en hábitos varoniles, los cuales se solidifican en circunstancias de éxito, abundancia y libertad. Los pensamientos enérgicos se cristalizan en hábitos de limpieza e industriosidad, los cuales se solidifican en circunstancias de agradabilidad. Los pensamientos amables y de perdón se cristalizan en hábitos de ternura, los cuales se solidifican en circunstancias de protección y conservación. Los pensamientos amorosos y desinteresados se cristalizan en hábitos de olvidarse de sí mismo a beneficio de los demás, los cuales se solidifican en circunstancias de prosperidad segura y constante y de verdadera riqueza.

Un hombre no puede elegir directamente sus circunstancias, pero puede elegir sus pensamientos, y así indirectamente, pero con seguridad,

Una determinada línea de pensamiento en la que se persiste, sea buena o mala, no puede dejar de producir sus resultados sobre el carácter y las circunstancias. Un hombre no puede elegir directamente sus circunstancias, pero puede elegir sus pensamientos, y así indirectamente, pero con seguridad, dar forma a sus circunstancias.

La naturaleza ayuda a cada hombre a la gratificación de los pensamientos que más estimula, y se presentan oportunidades que más rápidamente traerán a luz tanto los pensamientos buenos como los malos.

Que un hombre deje sus pensamientos pecaminosos, y todo el mundo se enternecerá hacia él y estará dispuesto a ayudarlo. Que un hombre deje de lado sus pensamientos débiles y enfermizos, y las oportunidades surgirán por todas partes para ayudar a sus fuertes resoluciones. Que un hombre estimule los buenos pensamientos, y ningún destino duro lo atará a la miseria y a la vergüenza. El mundo es tu caleidoscopio, y las diferentes combinaciones de colores, que en cada momento sucesivo te presenta, son las imágenes exquisitamente ajustadas de tus pensamientos en constante movimiento.

Así que serás lo que te propongas ser. Que el fracaso encuentre su falso contenido en esa pobre palabra, "ambiente". Pero el espíritu lo desprecia y es libre. Domina el tiempo, conquista el espacio. Reprime a esa jactanciosa estafadora que es la casualidad, y desbanca a la tirana circunstancia y ocupa un lugar de siervo. La voluntad humana, esa fuerza invisible, hija de un alma inmortal, puede abrirse camino hacia cualquier meta, aunque se interpongan muros de granito. No te impacientes por las demoras, sino espera como quien entiende. Cuando el espíritu se levanta y ordena, los dioses están dispuestos a obedecer.

Capítulo Tres

El efecto del pensamiento en la salud y el cuerpo

Los pensamientos fuertes, puros y alegres fortifican al cuerpo con vigor y gracia.

El cuerpo es el servidor de la mente. Obedece a las operaciones de la mente, ya sean deliberadamente elegidas o automáticamente expresadas. Cuando se somete a los pensamientos ilícitos, el cuerpo se precipita en la enfermedad y la decadencia. Cuando obedece a los pensamientos alegres y hermosos, se reviste de juventud y belleza.

La enfermedad y la salud, al igual que las circunstancias, tienen su raíz en el pensamiento. Los pensamientos enfermizos se expresarán a través de un cuerpo enfermizo. Se sabe que los pensamientos de temor han causado la muerte a un hombre con la misma rapidez que una bala, y están matando continuamente a miles de personas sin duda alguna, aunque con menos rapidez. Las personas que viven con temor a la enfermedad son las que la contraen. La ansiedad desmoraliza rápidamente todo el cuerpo, y lo deja expuesto al ingreso de la enfermedad, mientras que los pensamientos impuros, aunque no se satisfagan físicamente, pronto destrozarán el sistema nervioso.

Los pensamientos fuertes, puros y felices fortifican al cuerpo con vigor y gracia. El cuerpo es un instrumento delicado y plástico, el cual responde rápidamente a los pensamientos que lo impresionan, y los hábitos de pensamiento producirán sus propios efectos, buenos o malos, sobre él.

Los hombres seguirán teniendo sangre impura y envenenada mientras propaguen pensamientos impuros. De un corazón limpio sale una vida y un cuerpo limpios. De una mente impura procede una vida impura y un cuerpo corrompido. El pensamiento es la fuente de la acción, la vida y la manifestación. Haz que la fuente sea pura, y todo será puro.

El cambio de dieta no ayudará a un hombre que no está dispuesto a cambiar sus pensamientos. Cuando un hombre hace que sus pensamientos sean puros, ya no desea alimentos impuros.

De un corazón limpio sale una vida y un cuerpo limpios. De una mente impura procede una vida impura y un cuerpo corrompido.

Los pensamientos limpios crean hábitos limpios. El supuesto santo que no se lava el cuerpo no es un santo. El que ha fortalecido y purificado sus pensamientos no necesita tomar en cuenta al microbio malévolo.

Si deseas proteger tu cuerpo, vigila tu mente. Si deseas renovar tu cuerpo, embellece tu mente. Los pensamientos de malicia, envidia, desilusión, abatimiento le roban al cuerpo su salud y su gracia. Un rostro amargado no viene por casualidad. Es hecho por los pensamientos agrios. Las arrugas que marcan son dibujadas por la insensatez, la pasión y el orgullo.

Conozco a una mujer de 96 años que tiene el rostro brillante e inocente de una niña. Conozco a un hombre que no llega a la mediana edad y cuyo rostro tiene contornos inarmónicos. El uno es el resultado de una disposición dulce y optimista, el otro es el resultado de la pasión y el descontento.

Si deseas proteger tu cuerpo, vigila tu mente. Si deseas renovar tu cuerpo, embellece tu mente.

Así como no se puede tener una morada dulce y sana a menos que se admita el aire y la luz del sol libremente en sus habitaciones, igualmente un cuerpo fuerte y un semblante radiante, feliz o sereno solo puede ser el resultado de la libre entrada en la mente de pensamientos de alegría y buena voluntad y serenidad.

En los rostros de los ancianos hay arrugas hechas por la empatía, otras por el pensamiento fuerte y puro, y otras fueron talladas por la pasión. ¿Quién no puede distinguirlas? Para los que han vivido rectamente, la edad avanzada es tranquila, apacible y suavemente melosa, como el sol poniente. Hace poco vi a un filósofo en su lecho de muerte. No era anciano más que en años. Murió tan dulce y pacíficamente como había vivido.

No hay mejor médico que un pensamiento alegre para disipar los males del cuerpo. No existe consuelo que se compare con la buena voluntad para dispersar las sombras de la pena y el dolor. Vivir continuamente con pensamientos de mala voluntad, cinismo, sospecha y envidia es estar confinado en un hoyo de prisión hecho por uno mismo. Pero pensar bien de todos, ser alegre con todos, aprender pacientemente a encontrar el bien en todos, tales pensamientos desinteresados son los mismos portales del cielo, y permanecer día a día en pensamientos de paz hacia toda criatura traerá abundante paz a su poseedor.

CAPÍTULO CUATRO

Pensamiento y propósito

Los que no tienen un propósito central en su vida caen presa fácil de preocupaciones insignificantes, temores, problemas y autolástima, todos los cuales conducen al fracaso, la infelicidad y la pérdida.

Hasta que el pensamiento no se vincule con un propósito, no habrá logros inteligentes. En la mayoría de los casos, se permite que la barca del pensamiento navegue sin rumbo por el océano de la vida. La falta de rumbo es un vicio, y tal deriva no debe continuar en el caso de quien quiera mantenerse alejado de la catástrofe y la destrucción.

Los que no tienen un propósito central en su vida son presa fácil de preocupaciones insignificantes, temores, problemas y autolástima, todos los cuales son indicaciones de debilidad, las cuales conducen, tan seguramente como los pecados deliberadamente planeados, aunque por una ruta diferente, al fracaso, la infelicidad y la pérdida, porque la debilidad no puede persistir en un universo que evoluciona por el poder.

Un hombre debe concebir un propósito legítimo en su corazón y proponerse realizarlo. Debe hacer de este propósito el punto central de sus pensamientos. Puede tomar la forma de un ideal espiritual, o puede ser un objetivo mundano, según su naturaleza en ese momento. Pero cualquiera que sea, él debe concentrar firmemente sus fuerzas mentales en el objetivo que se ha propuesto. Debe hacer de este propósito su tarea suprema y debe dedicarse a su logro, sin permitir que sus pensamientos se pierdan en fantasías, anhelos e imaginaciones efímeras. Este es el camino real hacia el autocontrol y la verdadera concentración del pensamiento. Incluso si fracasa una y otra vez en el logro de su propósito, como necesariamente debe ocurrir hasta que se supere la debilidad, la fuerza de carácter adquirida será la medida de su verdadero éxito, y esto formará un nuevo punto de partida para el poder y el triunfo futuros.

Los que no están preparados para la captura de un gran propósito deben fijar los pensamientos en el cumplimiento intachable de su deber, por muy insignificante que parezca su tarea. Solo así se pueden reunir

Un hombre debe concebir un propósito legítimo en su corazón y proponerse realizarlo.

y enfocar los pensamientos y desarrollar la resolución y la energía, que al hacerse, no hay nada que no se pueda lograr.

El alma más débil, al conocer su propia debilidad, y creer en esta verdad de que la fuerza solo se puede desarrollar mediante el esfuerzo y la práctica, comenzará de inmediato a esforzarse, y, añadiendo esfuerzo a esfuerzo, paciencia a paciencia y fuerza a fuerza, nunca dejará de desarrollarse, y finalmente se hará divinamente fuerte.

Así como el hombre físicamente débil se puede hacer fuerte por medio de un entrenamiento cuidadoso y paciente, el hombre de pensamientos débiles puede hacerlos fuertes por medio de ejercitarse en el pensamiento correcto.

Dejar de lado la falta de objetivo y la debilidad y comenzar a pensar con propósito es entrar en las filas de aquellos hombres fuertes que solo reconocen el fracaso como uno de los caminos hacia el logro, que hacen que todas las condiciones les sirvan, y que piensan con fuerza, intentan sin temor y logran con maestría.

Una vez que haya concebido su propósito, un hombre debe marcar mentalmente un camino directo hacia su logro, sin mirar

Dejar de lado la falta de objetivo y la debilidad y comenzar a pensar con propósito es entrar en las filas de aquellos fuertes que solo reconocen el fracaso como uno de los caminos hacia el logro.

ni a la derecha ni a la izquierda. Las dudas y los temores deben ser rigurosamente excluidos. Son elementos desintegradores, los cuales rompen la línea directa del esfuerzo, volviéndola torcida, ineficaz, inútil. Los pensamientos de duda y temor nunca lograron nada, y nunca podrán lograr. Siempre conducen al fracaso. El propósito, la energía, el poder de hacer, y todos los pensamientos fuertes cesan cuando la duda y el temor penetran.

La voluntad de hacer surge del conocimiento de que podemos hacer. La duda y el temor son los grandes enemigos del conocimiento, y quien los alienta, quien no los mata, se frustra a sí mismo a cada paso.

El que ha vencido la duda y el temor ha vencido el fracaso. Cada uno de sus pensamientos está aliado con el poder, y todas las dificultades son enfrentadas con valentía y superadas con sabiduría. Sus propósitos se plantan en el tiempo propicio, y florecen y dan frutos, que no caen prematuramente al suelo.

Los pensamientos valientemente aliados al propósito se convierten en fuerza creativa.

El que sabe esto está listo para convertirse en algo más alto y más fuerte que un mero manojo de pensamientos vacilantes y sensaciones fluctuantes. El que hace esto se ha convertido en el dueño consciente e inteligente de sus poderes mentales.

Capítulo Cinco

El factor del pensamiento en el logro

Un hombre fuerte no puede ayudar a uno más débil a menos que el más débil esté dispuesto a ser ayudado.

Todo lo que un hombre logra y todo lo que deja de lograr es el resultado directo de sus propios pensamientos. En un universo justamente ordenado, donde la pérdida del equilibrio significaría la destrucción total, la responsabilidad individual tiene que ser absoluta. La debilidad y la fuerza, la pureza y la impureza de un hombre son de él, y no de otro. Son ocasionadas por él mismo, y no por otro. Y solo pueden ser alteradas por él mismo, nunca por otro. Su condición también es suya, y no de otro hombre. Su sufrimiento y su felicidad evolucionan desde dentro. Como él piensa, así es. Como sigue pensando, así permanece.

Un hombre fuerte no puede ayudar a uno más débil a menos que el más débil esté dispuesto a ser ayudado, e incluso entonces el hombre débil debe hacerse fuerte por su propia cuenta. Debe, por su propio esfuerzo, desarrollar la fuerza que admira en otro. Nadie más que él mismo puede cambiar su condición.

Ha sido habitual que los hombres piensen y digan: "Muchos hombres son esclavos porque uno es opresor. Odiemos al opresor". Ahora, sin embargo, hay entre unos pocos, que van en aumento, una tendencia a invertir este juicio y a decir: "Un hombre es opresor porque muchos son esclavos. Despreciemos a los esclavos".

La verdad es que opresor y esclavo son cooperadores en la ignorancia y, aunque parezcan afligirse mutuamente, en realidad se afligen a sí mismos. Un conocimiento perfecto percibe la acción de la ley en la debilidad del oprimido y el poder mal aplicado del opresor. Un amor perfecto, al ver el sufrimiento que ambos estados conllevan, no condena a ninguno de ellos. Una compasión perfecta abarca tanto al opresor como al oprimido.

Quien ha vencido la debilidad y ha desechado todo pensamiento egoísta no pertenece ni al opresor ni al oprimido. Él es libre.

La verdad es que opresor y esclavo son cooperadores en la ignorancia y, aunque parezcan afligirse mutuamente, en realidad se afligen a sí mismos.

Un hombre solo puede levantarse, conquistar y lograr por medio de elevar sus pensamientos. Solo puede permanecer débil, abyecto y miserable si se niega a elevar sus pensamientos.

Antes de que un hombre pueda lograr cosa alguna, incluso en cuanto a las cosas mundanas, debe elevar sus pensamientos por encima de la indulgencia animal esclavizante. Puede que, para tener éxito, no renuncie a toda la animalidad y el egoísmo, pero un porción de esta, al menos, tiene que sacrificarse. Un hombre cuyo primer pensamiento es la indulgencia bestial no podría pensar con claridad ni planificar metódicamente. No podría encontrar y desarrollar sus recursos latentes y fracasaría en cualquier empresa. Al no haber comenzado a controlar varonilmente sus pensamientos, no está en condiciones de controlar los asuntos y adoptar responsabilidades serias. No está capacitado para actuar de forma independiente y mantenerse solo. Pero solo está limitado por los pensamientos que elige.

No puede haber progreso ni logros sin sacrificio, y el éxito mundano de un hombre ocurrirá en la medida en que sacrifique sus confusos pensamientos animales y fije su mente en el desarrollo de sus planes y en el fortalecimiento de su resolución y autosuficiencia. Y cuanto más eleve sus pensamientos, cuanto más varonil, recto y justo se vuelva, mayor será su éxito, más bendecidos y duraderos serán sus logros.

No puede haber progreso ni logros sin sacrificio, y el éxito mundano de un hombre ocurrirá en la medida en que sacrifique sus confusos pensamientos animales, y fije su mente en el desarrollo de sus planes y en el fortalecimiento de su resolución y autosuficiencia.

El universo no favorece a los codiciosos, a los deshonestos, a los viciosos, aunque en la mera superficie a veces lo parezca. Ayuda a los honestos, a los magnánimos, a los virtuosos. Todos los grandes maestros de las épocas han declarado esto en diversas formas, y para probarlo y conocerlo un hombre no tiene más que persistir en hacerse más y más virtuoso al elevar sus pensamientos.

Los logros intelectuales son el resultado del pensamiento consagrado a la búsqueda del conocimiento o de lo bello y verdadero en la vida y la naturaleza. Tales logros pueden estar a veces relacionados con la vanidad y la ambición, pero no son el resultado de esas características. Son el resultado natural de un largo y arduo esfuerzo y de pensamientos puros y desinteresados.

Los logros espirituales son la consumación de las aspiraciones santas. El que permanece en la concepción de pensamientos nobles y elevados, quien habita en todo lo que es puro y desinteresado, llegará a ser, tan seguramente como el sol alcanza su cenit y la luna su plenitud, sabio y noble de carácter, y se elevará a una posición de influencia y bendición.

El logro, de cualquier índole, es la corona del esfuerzo. Con la ayuda del autocontrol, la resolución, la pureza, la rectitud y el pensamiento bien dirigido, el hombre asciende. Con la ayuda de la animalidad, la indolencia, la impureza, la corrupción y

El que vive constantemente en la concepción de pensamientos nobles y elevados, quien permanece en todo lo que es puro y desinteresado llegará a ser sabio y noble de carácter y se elevará a una posición de influencia y bendición.

la confusión del pensamiento, el hombre desciende.

Un hombre puede ascender a gran éxito en el mundo, e incluso a elevadas altitudes en el reino espiritual, y volver a descender a la debilidad y la miseria al permitir que los pensamientos arrogantes, egoístas y corruptos se apoderen de él.

Las victorias alcanzadas por el pensamiento correcto solo pueden mantenerse por medio de la vigilancia. Muchos claudican cuando el éxito está asegurado y vuelven a caer rápidamente en el fracaso.

Todos los logros, ya sea en el mundo de los negocios, intelectual o espiritual, son el resultado de un pensamiento definitivamente dirigido, se rigen por la misma ley y tienen el mismo método. La única diferencia radica en el objetivo del logro.

El que quiere lograr poco, debe sacrificar poco. El que quiere lograr mucho, debe sacrificar mucho. Y el que quiere obtener mucho, debe sacrificar mucho.

Capítulo Seis

Visiones e ideales

El que atesora una visión hermosa, un ideal elevado en su corazón, un día lo realizará.

Los soñadores son los salvadores del mundo. Así como el mundo visible es sostenido por lo invisible, igualmente los hombres, en medio de todas sus pruebas y pecados y vocaciones sórdidas, se nutren de las hermosas visiones de sus soñadores solitarios. La humanidad no puede olvidar a sus soñadores. No puede dejar que sus ideales se desvanezcan y mueran. Vive en ellos. Los conoce como las realidades que un día verá y conocerá.

Compositor, escultor, pintor, poeta, profeta, sabio. Estos son los creadores del mundo posterior, los arquitectos del cielo. El mundo es bello porque ellos han vivido. Sin ellos, la humanidad trabajadora perecería.

Los soñadores son los salvadores del mundo.

El que atesora una visión bella, un ideal elevado en su corazón, un día lo realizará. Colón atesoraba la visión de otro mundo y lo descubrió. Copérnico fomentó la visión de una multiplicidad de mundos y un universo más amplio, y lo reveló. Buda contempló la visión de un mundo espiritual de belleza inmaculada y paz perfecta, y entró en él.

Aprecia tus visiones. Atesora tus ideales. Atesora la música que conmueve a tu corazón, la belleza que se forma en tu mente, el encanto que cubre tus pensamientos más puros, porque de ellos crecerán todas las condiciones deliciosas, todo el ambiente celestial. De ellas, si solo te mantienes fiel a ellas, se construirá finalmente tu mundo.

El deseo es obtener. Aspirar a, lograr. ¿Deben los deseos más bajos del hombre recibir la más completa gratificación, y sus aspiraciones más puras morir de hambre por falta de sustento? Tal no es la ley. Tal condición de las cosas nunca puede obtenerse. Pide y recibe.

Sueña sueños elevados, y tal como sueñas, eso es lo que llegarás a ser. Tu visión es la promesa de lo que un día serás. Tu ideal es la profecía de lo que al final desvelarás.

El mayor logro fue al principio y durante un tiempo un sueño. El roble duerme en la bellota. El pájaro espera en el huevo. Y en la visión más elevada del alma un ángel se conmueve y comienza a levantarse. Los sueños son las semillas de las realidades.

Puede que tus circunstancias no sean favorables, pero ese no será el caso por mucho tiempo si percibes un ideal y te esfuerzas por alcanzarlo. No puedes avanzar por dentro y quedarte quieto por fuera. He aquí un joven presionado por la pobreza y las labores, confinado por largas horas en un taller insalubre, sin estudios y carente de todas las artes del refinamiento. Pero sueña con cosas mejores. Piensa en inteligencia, en refinamiento, en gracia y belleza. Concibe, edifica mentalmente, una condición de vida ideal. La visión de una libertad más amplia y un mayor alcance se apodera de él.

La inquietud lo insta a actuar, y utiliza todo su tiempo libre y sus medios, por escasos que sean, para el desarrollo de sus poderes y recursos latentes. Muy pronto su mente se ha alterado tanto que el taller ya no puede retenerlo. Ha llegado a estar tan

Sueña sueños elevados, y tal como sueñas, eso es lo que llegarás a ser.

fuera de armonía con su mentalidad, que se desprende de su vida como se desecha una prenda de vestir, y con el aumento de las oportunidades, que se ajustan al alcance de sus poderes en expansión, sale de él para siempre.

Años más tarde, vemos a este joven convertido en un hombre hecho y derecho. Encontramos que se ha hecho gran maestro de ciertas fuerzas mentales, las cuales maneja con una influencia mundial y un poder casi inigualable. En sus manos tiene las riendas de gigantescas responsabilidades. Habla, y he aquí que vidas cambian. Hombres y mujeres se aferran a sus palabras y remodelan sus personalidades, y, como un sol, él se convierte en el centro fijo y luminoso alrededor del cual giran innumerables destinos. Ha realizado la visión de su juventud. Se ha convertido en uno con su ideal.

Y tú también, joven lector, realizarás la visión, no el deseo ocioso, de tu corazón, ya sea vil o bello o una mezcla de ambos. Porque siempre gravitarás hacia aquello que secretamente más amas. En tus manos se pondrán los resultados exactos de tus propios pensamientos. Recibirás lo que te hayas ganado; ni más ni menos. Sea cual sea tu entorno actual, caerás, permanecerás o te elevarás con tus pensamientos, tu visión,

Siempre gravitarás hacia aquello que secretamente más amas.

tu ideal. Llegará a ser tan pequeño como tu deseo controlador, tan grande como tu aspiración dominante.

En las hermosas palabras de Stanton Kirkham Davis, "Puede que estés llevando cuentas, y pronto saldrás de la puerta que durante tanto tiempo te ha parecido la barrera de tus ideales, y te encontrarás ante un público, con la pluma todavía detrás de la oreja, las manchas de tinta en los dedos, y entonces y allí derramarás el torrente de tu inspiración. Puede que estés pastoreando ovejas, y deambularás hacia la ciudad con la boca abierta, deambularás bajo la intrépida guía del espíritu hasta llegar al estudio del gran maestro. Y después de un tiempo él dirá: "No tengo nada más que enseñarte". Y ahora te has convertido en el maestro, que hace poco soñaba con grandes cosas mientras pastoreaba ovejas. Dejarás la sierra y el cepillo para tomar sobre ti la regeneración del mundo".

Los desconsiderados, los ignorantes y los indolentes, que solo ven los efectos aparentes de las cosas y no las cosas mismas, hablan de suerte, de fortuna y de casualidad. Al ver que un hombre se hace rico, dicen: "Qué suerte tiene". Al observar que otro se vuelve intelectual, exclaman: "Qué favorecido es". Y al observar el carácter santo y la gran influencia de otro, comentan: "Cómo le ayuda la casualidad en todo momento". No ven las pruebas y los fracasos y las luchas que estos hombres han enfrentado voluntariamente para adquirir su experiencia; no tienen conocimiento de los sacrificios que han hecho, de los esfuerzos infatigables que han hecho, de la fe que han ejercido, para poder superar lo aparentemente insuperable, y realizar la visión de su corazón. No conocen la oscuridad y los sinsabores. Solo ven la luz y la alegría, y la llaman "suerte". No ven el largo y arduo camino, sino que solo contemplan la agradable meta y la llaman "buena fortuna". No comprenden el

Llegará a ser tan pequeño como tu deseo controlador, tan grande como tu aspiración dominante.

proceso, sino que perciben el resultado y lo llaman "casualidad".

En todos los asuntos humanos hay esfuerzos y hay resultados, y la fuerza del esfuerzo es la medida del resultado. La casualidad no lo es. Los dones, los poderes, las posesiones materiales, intelectuales y espirituales son los frutos del esfuerzo. Son pensamientos completados, objetos logrados, visiones realizadas.

La visión que glorificas en tu mente, el ideal que colocas en el trono de tu corazón, con esto edificarás tu vida, esto llegarás a ser.

Capítulo Siete

Serenidad

El hombre tranquilo, habiendo aprendido a gobernarse a sí mismo, sabe adaptarse a otros, y ellos en respuesta reverencian su fuerza espiritual y sienten que pueden aprender de él y confiar en él.

La tranquilidad de la mente es una de las hermosas joyas de la sabiduría. Es el resultado de un largo y paciente esfuerzo en el autocontrol. Su presencia es una indicación de experiencia que ha madurado, y de un conocimiento más que ordinario de las leyes y operaciones del pensamiento.

Un hombre llega a tener tranquilidad en la medida en que comprende que él es un ser evolucionado por el pensamiento, porque tal conocimiento requiere la comprensión de los demás como el resultado del pensamiento. Y a la medida que desarrolla una comprensión correcta, y ve cada vez más claramente las relaciones internas de las cosas por la acción de la causa y el efecto, deja de quejarse y enfurecerse, y de preocuparse y afligirse, y se mantiene firme, estable, sereno.

El hombre tranquilo, habiendo aprendido a gobernarse a sí mismo, sabe adaptarse a otros, y ellos en respuesta reverencian su fuerza espiritual y sienten que pueden aprender de él y confiar en él. Entre más tranquilo llega a ser un hombre, mayor es su éxito, su influencia, su poder para el bien. Incluso el comerciante ordinario encontrará que su prosperidad en los negocios aumenta a medida que desarrolla un mayor autocontrol y ecuanimidad, ya que las personas siempre preferirán tratar con un hombre cuyo comportamiento es fuertemente equitativo.

El hombre fuerte y tranquilo siempre es amado y venerado. Es como un árbol que da sombra en una tierra sedienta o una roca protectora en una tormenta. ¿Quién no ama un corazón tranquilo, una vida equilibrada y de temperamento dulce? No importa si llueve o brilla, o qué cambios se produzcan en quienes poseen estas bendiciones, pues siempre son dulces, serenos y tranquilos. Ese exquisito aplomo de carácter, que llamamos serenidad, es la última lección de la cultura, el fruto del alma. Es tan preciosa como la sabiduría, más deseable que el oro, incluso que el oro fino. Qué insignificante parece la

Entre más tranquilo llega a ser un hombre, mayor es su éxito, su influencia, su poder para el bien.

mera búsqueda del dinero en comparación con una vida serena, una vida que habita en el océano de la verdad, bajo las olas, fuera del alcance de las tempestades, en la calma eterna.

Cuántas personas conocemos que amargan su vida, que arruinan todo lo que es dulce y hermoso por medio de temperamentos explosivos, que destruyen su aplomo de carácter y hacen mala sangre. Uno se pregunta si la gran mayoría de las personas arruinan sus vidas y estropean su felicidad por la falta de autocontrol. Son tan pocas las personas que encontramos en la vida que están bien equilibradas, que tienen ese exquisito aplomo que es característico del carácter maduro.

Sí, la humanidad surge con una pasión incontrolada. Es tumultuosa con el dolor incontrolado, es arrastrada por la ansiedad y la duda. Solo el hombre sabio, solo aquel cuyos pensamientos están controlados y purificados, hace que los vientos y las tormentas del alma le obedezcan.

Alma azotada por la tempestad, dondequiera que estés, bajo cualquier condición que vivas, puedes saber que en el océano de la vida, las islas de la bendición están sonriendo, y la orilla soleada de tu ideal espera tu llegada. Mantén tu mano firme sobre el timón del pensamiento. En la barca de tu alma descansa el gran maestro que manda. No hace más que dormir. Despiértalo. El autocontrol es la fuerza. El pensamiento correcto es el dominio. La calma es el poder. Di a tu corazón: "Paz, estáte quieto".